… 6.

REINE DORVILLE,
CITOYEN FRANCAIS,
A SES CALOMNIATEURS.

NOTE *de l'auteur, après l'impression du Mémoire.*

J'ai cru mon honneur intéressé à publier ce Mémoire, car je ne dois pas être étonné des efforts des malveillans pour nuire aux bons citoyens, puisque par des ruses machiavéliques, et la plus noire perfidie, un de mes amis (Js. Ségur), qui dans le temps a exercé les mêmes fonctions que moi, est sur le point de subir une détention aussi injuste que non méritée; mais l'opinion publique, la justice du Jury et du Tribunal devant lequel il doit paroître, le vengeront sans doute, de ceux qui veulent le perdre. Déjà sa constance dans le malheur, autant que sa loyauté et sa probité reconnues, viennent d'obtenir leur récompense par la capture d'une riche prise faite par le superbe corsaire *le Courageux*, capitaine Langlois, laquelle est arrivée à bon port.

Tout le monde ne rit pas de cette nouvelle : qu'en conclure cependant ? que le triomphe des méchans sur les bons n'est et ne doit être que passager.

REINE DORVILLE.

REINE DORVILLE,
CITOYEN FRANÇAIS,

A SES CALOMNIATEURS.

Sans probité,   Sans humanité,
Point de Patriotisme.   Point de Républicanisme.

Quand la calomnie lance ses traits contre un bon citoyen, il doit la repousser par tous les moyens qui sont en son pouvoir.

Instruit par de vrais Républicains qui me connoissent depuis long-temps, et ont su apprécier ma vie morale et politique, depuis douze ans que je réside à Bordeaux, que des gens mal intentionnés tenoient des propos sur mon compte, et cherchoient à égarer l'opinion publique, fixée depuis long-temps en ma faveur, j'ai scruté ma conscience, et j'ai reconnu que jamais, depuis que j'existe, je n'ai eu aucun reproche à me faire.

J'ignore, je l'avoue, ce que veulent et quelles sont les prétentions de ces Jongleurs politiques, qui se sont répandus dans différentes Sections de cette commune, pour attaquer les meilleurs citoyens; mais je dois leur dire qu'en s'attachant à moi, ils se sont trompés, et qu'en vain ils chercheraient à me ravir le seul trésor que je possède,

L'ESTIME PUBLIQUE.

Ne pouvant rien me reprocher sur ma conduite morale et politique, depuis que je réside à Bordeaux, ils ont osé avancer que mon nom Reine, n'étoit pas mon nom de famille, celui de *Dorville* mon surnom, et que quelques années avant la révolution, il avoit manqué à Orléans un Reine Dufour ou Desfours, dans le dessein même de me nuire; ils ne sont pas bien fixés sur l'identité de ces noms, ils ne savent pas, disent-ils, si c'est Reine seul ou Reine Desfours qui a manqué à Orléans. Il est malheureux, sans doute, d'avoir à repousser de pareilles impostures; mais comme les recherches de mes ennemis, que j'engage d'écrire à Orléans, seront aussi vaines que lorsqu'il y a deux ans, ils me firent manquer à Bordeaux, et que j'envoyai au Département la preuve testimoniale du Tribunal de commerce de cette commune, qui prouvoit le contraire, je leur dirai que jamais Reine ou Reine Desfours n'ont manqué à Orléans; que dans cette ville, comme ailleurs, j'avois le droit de m'associer pour un, deux ou trois ans, si je l'eusse voulu, avec un citoyen quelconque; qu'ayant la signature, je pouvois signer un nom collectif; qu'il faut être bien sot ou bien novice dans le commerce, pour ignorer cet usage, généralement reconnu, et qu'enfin je les défie de prouver que, sous mes nom et surnom, *François Reine Dorville*, ou tout autre qu'il leur plaira imaginer, et que j'aie signé en nom collectif, il ait jamais manqué aucune Maison, soit à Orléans, soit même dans toute autre commune de la République.

Ce serait cependant, je l'avoue, étrangement abuser de la liberté, ce seroit une inquisition bien révoltante que de troubler les travaux augustes d'une assemblée primaire, pour demander compte à un citoyen de tout ce qu'il a fait et dit depuis le moment de sa naissance jusqu'à ce jour ; mais comme, à cet égard, je n'ai jamais craint le censeur le plus sévère, l'épilogueur le plus perfide, comme le nom que ma famille m'a transmis, ou le surnom qui m'a distingué de mes autres frères (nous étions dix enfans), ou celui de mes associés, n'ont jamais été deshonorés, je dirai à ces énergumènes politiques, qu'ils ne m'empêcheront point de porter mes noms et prénoms, qu'ils sont inscrits dans mon acte de naissance ou tous autres actes publics, qu'on ne s'est pas avisé de me les disputer, il y a deux ans, lorsque, comme aujourd'hui, je fus nommé électeur, que pour avoir ce droit, il faudroit aussi avoir la prétention ridicule de demander aux divers législateurs français, pourquoi quelques-uns d'eux portent des noms et surnoms, et que depuis l'âge de raison jusqu'à ce jour, soit comme honnête homme dans l'ancien régime, soit comme citoyen français dans les premières années de la révolution, soit enfin comme républicain depuis le 21 septembre 1792 (v. st.), jamais je n'ai fait aucune action capable de flétrir mon nom, ou indigne d'un vrai patriote.

Si d'ailleurs, car j'existe à Bordeaux avant la révolution, j'eusse éprouvé des malheurs dans quelque pays que ce soit, seroit-il bien honnête, et auroit-on le droit de venir me les reprocher aujourd'hui? à plus forte raison cette imputation, aussi fausse qu'injurieuse et ridicule, annonce-t-elle l'intention perverse de nuire à un citoyen jusqu'ici sans reproches.

Sans doute il est inutile que je rende compte de ma conduite depuis que je suis à Bordeaux, toute la cité la connoît.

Froissé par les secousses révolutionnaires, j'ai été victime, et presque victime sanglante de la tyrannie décemvirale; les bons citoyens de ma Section savent quelle a été ma conduite pendant quinze mois et plus qu'a duré l'infame terreur; ils savent que j'ai employé le peu de talens dont la nature m'a doué, à adoucir les malheurs de mes concitoyens, et surtout à servir l'humanité, sans autre intérêt que celui de cette cause auguste; ils savent qu'emprisonné pendant quatre mois, un scélérat à figure humaine, et agent, pour lors, du comité révolutionnaire, vint m'offrir de me sauver, si je voulois dénoncer quelques citoyens de ma Section à qui on en vouloit, et que je repoussai avec horreur cette infame proposition, en disant que *j'aimois mieux périr que de commettre une lâcheté* ; ils n'ignorent pas enfin, que j'ai été traduit deux fois à la Commission militaire, et que les cris, en faveur de mon innocence, de cent citoyens, au moins, de ma Section, qui s'étoient rendus au tribunal, m'ont sauvé du sort sous lequel ont succombé tant de braves patriotes et de malheureuses victimes (*).

La pièce n.° 1. Qu'ai-je fait cependant depuis ce temps jusqu'aujourd'hui ? j'ai occupé, et toujours gratuitement, différentes places auxquelles m'ont porté le vœu de mes concitoyens ou le choix des Représentans du peuple, celle de président de ma Section avant et pendant tout le temps qu'on délivroit des cartes de civisme, de membre du Comité de surveillance après la célèbre journée du 9 thermidor, à laquelle a succédé celle non moins heureuse, du 18 fructidor, celle d'assesseur du Juge-de-Paix, et enfin, celle de Directeur de l'hospice des Incu-

(* Voyez mon jugement imprimé, du 8 ventôse an 2.

rables ; Ces différentes places, aussi peu brillantes que lucratives, ne m'ont pas, il est vrai, mis à portée de réparer les tors de la fortune, mais ce qui est plus dans mon caractère, elles m'ont procuré l'avantage inappréciable de faire le bien et d'être utile aux pauvres ; dans toutes j'ai fait mon devoir et servi l'humanité ; dans toutes j'ai soutenu les droits des opprimés contre les oppresseurs ; j'ai travaillé journellement pour les veuves des défenseurs et pour les défenseurs de la Patrie ; j'ai aussi, dans des circonstances délicates, été président du Comité de bienfaisance de ma Section, et les membres associés à mes travaux, peuvent dire si ce n'est pas à mes lettres, à mes démarches, à mes importunités même vis-à-vis des riches, que les pauvres ont dû les secours qu'ils en ont obtenu ; tous mes pas enfin, toutes mes démarches, toutes mes actions ont été pour la Patrie et l'humanité, et je suis sans reproches devant ma conscience, juge incorruptible de toutes nos actions. *Voyez la pièce n.º 5.*

Je ne parlerai pas ici des attestations de civisme, de probité et de bonne conduite qui m'ont été données, soit par ma Section, soit par les autorités constituées encore existantes à Bordeaux. (Voyez à la fin de ce Mémoire, l'Arrêté de l'Administration départementale, en date du 21 frimaire an 4, et la lettre des administrateurs, en date du 24 dudit), soit enfin par les Représentans du peuple, dont un est aujourd'hui plénipotentiaire de la République française pour la paix avec l'Autriche. *Voyez les pièces n.ºˢ 6, 7 et 8.*

Voyez la pièce n.º 2.

Quand on est honnête, quand on est pur de fait et d'intention, on peut, et je l'éprouve, être attaqué par les méchans, mais l'estime publique nous venge, et leurs traits empoisonnés deviennent pour le bon citoyen

Telum imbelle sine ictu.

L'imputation qui m'affligerait le plus, si, comme toutes

les autres, elle ne portoit pas le cachet de l'imposture et de la calomnie, seroit celle que las enfin de ne trouver rien de repréhensible dans ma conduite, les scélérats, payés sans doute pour outrager les meilleurs citoyens, ont osé mettre au jour.

« Dorville, ont-ils dit, lorsqu'il exerçoit une fonction pu-
» blique, a incarcéré les patriotes ».

Calomniateurs déhontés, scrutateurs impies des actions de votre prochain, avant d'emboucher la trompette du mensonge, avant de debiter des propos aussi infames, il falloit donc persuader à la saine partie des habitans de cette cité et de la république, que les Comités anti-thermidoriens ont fait le bien, et les exthermidoriens le mal; que les premiers ont mérité la bénédiction, et les seconds la malédiction du peuple, et qu'enfin les agens secondaires de Marat, de Roberspierre et autres scélérats ont travaillé pour le bonheur, et les fonctionnaires publics exthermidoriens pour le malheur de leur patrie; à qui cependant ferez-vous accroire que cette odieuse allusion puisse exister, à vous seuls et à vos pareils, organes du mensonge et de la calomnie, aux Jacobins, qui ont épouvanté la terre par leurs crimes, et aux amans fidèles de la mignonne de 93 ?

Une des sages lois que la Convention nationale ait rendue, précédée d'un rapport éloquent et vrai d'un législateur contre les anarchistes et les terroristes, et suivie d'un arrêté du Représentant du peuple Besson, (pendant sa mission à Bordeaux, ce Représentant a tenu une conduite digne d'éloges) qui signaloit aux habitans de cette commune les agens de la tyrannie décemvirale et les spoliateurs de la fortune publique et particulière, une loi, dis-je, avoit provoqué l'arrestation dans chaque Département, de tous les concussionnaires et agens du régime infame de Roberspierre; à Bordeaux, partie de ces honnêtes gens a subi une légère détention de quelques mois ; les *Gobet*, vociférateur d'un patriotisme qui n'étoit que de la férocité, les *Dutroussy*, fauteur d'un crime aussi nouveau qu'il étoit épouventable (*); quelques membres de la Commission militaire, dont certains ont répété que, toujours et sans aucun examen, ils avoient *voté pour la mort*, et quelques autres enfin, dont je tais ici les noms, parce que peut-être les proclamations du Directoire exécutif pourront les convertir, ont été incarcérés pendant quelques mois ; mais toute la France sait, que loin d'être patriotes, ils étoient les plus zélés défenseurs du systême horrible qui a détruit une partie de la population française, et tout ce qui a échappé à la boucherie décemvirale, tout ce qui reste aujourd'hui d'hommes honnêtes et éclairés en France, tout ce qui existe enfin de bons patriotes pensent comme moi à cet égard. Que dit en effet le Directoire : *éloignez de vos choix ces dénonciateurs à gages, et tous ceux dont le front porte l'empreinte ineffaçable de leurs crimes*; et dans une autre proclamation : *déjà sur des listes d'Electeurs, figurent des personnages honteusement fameux dans les annales révolutionnaires.*

Voilà cependant les hommes qui, à Bordeaux, après le neuf thermidor, ont subi une légère détention de quelques mois, et je dois le dire ici sans crainte d'être démenti par eux-mêmes,

---

(*) Ce fut le Représentant Threilhard qui fit mettre en arrestation Dutroussy, ce monstre à face humaine, qui un jour se précipita sur l'échafaud, repoussa l'exécuteur, et sans autorisation, sans caractère légal, fit tomber la tête de plusieurs individus, dont pendant plusieurs années il avoit mangé le pain, et à qui il avoit loué ses services. Pour leur rendre même la mort plus amère, il joignit à cette action barbare, l'ironie la plus sanglante. Ce trait est connu et a révolté tous les bons citoyens de Bordeaux.

C

soit en les arrêtant, soit pendant leur détention, ma conduite et celle de mes collègues à leur égard, a été telle qu'on devoit l'attendre de magistrats humains et patriotes, nous leur avons accordé toutes les facilités qu'ils pouvoient desirer ; les meilleurs traitemens leur ont été prodigués par nos ordres et les soins du brave concierge à la garde duquel ils étoient confiés (Chevillon), qu'il parle et qu'il dise si jamais aucun ordre rigoureux lui a été transmis par notre Comité ; tous les jours leurs femmes, leurs parens, leurs amis avoient la permission de les voir ; enfin, tout ce que l'humanité prescrivoit a été rempli à leur égard ; et puisqu'il faut le dire ici, certains d'entr'eux que nous savions dans le besoin, ont reçu de nous des secours d'argent : six mois avant cependant, c'est-à-dire avant l'heureuse journée qui sauva la France d'un désastre universel, nous, et nombre de patriotes gémissoient dans des cachots infames, par les ordres de ces sicaires de la plus affreuse tyrannie, toute communication avec nos parens et nos amis nous étoit interdite, Roberspierre et ses agens couvroient de bastilles tout le sol de la République, d'un bout de la France à l'autre, on ne voyoit que la mort, on n'entendoit que les cris des victimes dévouées au système dévastateur, le sang des meilleurs citoyens ruisseloit à grands flots dans toutes les places publiques, les têtes des meilleurs patriotes rouloient sur les échafauds ; d'insolens commissaires de prisons visitoient tous les jours ces asyles encombrés de milliers de citoyens de tout âge et de tout sexe, ils comptoient comme un vil troupeau de bétail, les victimes dévouées à la sanguinocratie des décemvirs ; ils refusoient aux femmes la consolation de voir et de parler à leurs maris, aux enfans celle d'embrasser leurs pères et mères ; un d'eux même, plus féroce encore que les guichetiers, voyant plusieurs citoyennes vertueuses embrasser ses genoux et les arroser de leurs larmes, prononça ces mots, dignes d'un chef de cannibales : « mon cœur est de bronze, vos larmes ne me touchent pas ».

Ils travailloient enfin, et toute l'Europe le sait, avec la rapidité de l'éclair, à la destruction du genre humain, et de tous les beaux monumens qui honoroient mon pays, et sans la journée à jamais célèbre dans les annales de la République, la France n'offriroit plus depuis long-temps qu'un amas dégoutant de bourreaux assis sur des cadavres immolés à leur rage sanguinaire.

Quelques bons citoyens, trois ou quatre, sur le compte desquels on avoit trompé la religion d'un Représentant, ont été aussi détenus ; mais qu'ils parlent ces braves patriotes, et qu'ils disent si ce n'est pas dans notre Comité qu'ils ont trouvé leurs plus zélés défenseurs, si, souvent, nous n'avons pas été nous-mêmes les visiter et les consoler ; enfin, si ce n'est pas à nos rapports, à nos démarches en leur faveur, qu'ils ont dû la liberté dont ils avoient été privés.

Des jours plus heureux ont succédé à ces jours de deuil et et de tristesse ; Carrier, Roberspierre et quelques autres scélérats, dont les noms célèbres par leurs crimes, passeront avec horreur à la postérité, ont subi la peine due à leurs forfaits, et peu après, nous, victimes dévouées au fer des assassins, nous citoyens probes et honnêtes, nous avons été nommés membres du Comité de Surveillance, et après en avoir rempli pendant quinze mois les fonctions avec justice et intégrité, nous avons, aux termes de l'acte constitutionnel, provoqué nous-mêmes la dissolution de ce Comité.

Parlez, Bordelois, et dites si jamais, pendant ce laps de temps, assez considérable, vous avez éprouvé de ma part ou de celle de mes collègues, aucune injustice.

Dans ce même Comité enfin, nous sommes entrés, je ne crains pas de le dire, environnés de l'estime publique, et nous en sommes sortis avec une conscience pure, et la certitude d'avoir fait tout le bien et évité tout le mal qui étoient en notre pouvoir.

Mais avant de donner cours à cette abominable imposture :

Dorville a incarcéré les patriotes,

Il falloit donc, scélérats déhontés, anéantir les registres des séances du Comité exthermidorien, et où, dans le plus grand ordre, sont tracés nos travaux journaliers ; il faudroit que l'Administration départementale, lors de la dissolution de notre Comité, n'eût pas fait publiquement l'éloge de notre administration dans son Arrêté du 21 frimaire an 4.e ; il faudroit encore que dans le même temps cette administration, aussi juste que patriote, n'eût pas adressé à chacun de nous une lettre où elle consignoit sa reconnoissance de la manière avec laquelle nous avions rempli des fonctions aussi pénibles que délicates ; il faudroit enfin, que toute la cité de Bordeaux ne pût pas vous donner un démenti formel.

<small>Voyez la pièce n.º 3.</small>

<small>Voyez la pièce n.º 4.</small>

Quelques autres démarches de mes ennemis sont venues à ma connoissance.

Le citoyen Rochet, qu'après beaucoup de recherches on a découvert être de mon pays natal, Dieppe, département de la Seine inférieure, (on pouvoit encore, puisque la malignité portoit à faire des enquêtes sur un citoyen résidant depuis douze ans à Bordeaux, et qui ne s'y est fait connoître que par de bonnes actions, s'adresser au citoyen Charles Lemesle, ancien et respectable négociant de cette commune, et victime comme moi du régime décemviral) le citoyen Rochet, dis-je, marchand, m'a prévenu que plusieurs individus qu'il ne connoît pas, s'étoient présentés chez lui, sous le prétexte de lui acheter de l'ivoire, et qu'ayant amené la conversation sur mon compte, ils lui avoient demandé mes prénom, nom de famille et surnom. La réponse étoit bien simple, son nom de baptême, leur a-t-il dit, est *François*, celui de famille, *Reine*, elle étoit très-nombreuse, et le surnom *Dorville* le distingue de ses autres frères. A cette réponse il voulut bien ajouter quelques éloges, et ces individus se retirèrent très-mécontens, et en disant, *on ne peut prendre cet homme d'aucun côté.*

J'ai su aussi que d'autres personnes, dans des intentions non moins bénévoles, avoient demandé à un habitué de l'hospice dont je suis le Directeur depuis plus d'un an, quelle étoit dans cette maison ma conduite envers les pauvres? Il ne me convient pas de dire quelle a été la réponse, mais on se doute bien qu'elle m'étoit favorable, puisqu'elle n'a pas satisfait les questionneurs; pourquoi cependant ne s'adressoient-ils pas directment à la commission des hospices civils de Bordeaux, à ces administrateurs bienfaisans, dont le zèle pour les malheureux confiés à leurs soins ne connoît point de bornes, et qu'on peut, avec raison, appeller les *pères des pauvres et des malades*, titre aussi glorieux qu'il est mérité; à ces fonctionnaires généreux qui, depuis nombre d'années, consacrent gratuitement leur temps, et souvent leurs moyens pécuniaires, à l'existence et au soulagement de deux mille trois cens individus de tout âge et de tout sexe, relégués dans le différens hospices de cette commune, et aux travaux desquels les Directeurs de ces mêmes hospices se font un devoir de concourir?

Je me plais à payer en passant ce juste tribut d'éloges à cette intéressante Administration, et particuliérement à son président, qu'il seroit bien difficile de remplacer, et qui depuis quinze ans au moins qu'il fait, si je puis m'exprimer ainsi, ce *service sacré*, remplit ses honorables fonctions avec autant de zèle que d'humanité.

D

Il seroit trop long de détailler ici toutes les ruses, tous les moyens qui ont été employés pour me perdre dans l'esprit public ; on a poussé l'impudence jusqu'à dire que j'étois un intrigant, moi qui n'ai jamais demandé aucune place, et qui n'en ai occupé que de gratuites ; mais ici, comme sur toutes les autres inculpations, la malice de mes ennemis s'est trouvée en défaut.

On sait que de tout temps, et sur-tout depuis la révolution, les intrigans ont donné ce nom aux citoyens les plus sages et les plus modestes, et que comme les scélérats d'une autre espèce, ils ont attribué à d'autres ou les crimes dont ils étoient capables, ou ceux qu'eux-mêmes avoient commis ; c'est la tactique ordinaire des *freres et amis* (*), ils croient par là détourner l'attention générale, et sur-tout l'œil du Gouvernement, fixé sur eux pour les démasquer.

Un intrigant est un homme qui cherche à s'emparer des places brillantes et lucratives, et jamais je n'en ai convoité ni occupé aucune de ce genre ; avant la révolution j'étois négociant, et depuis ma captivité, les fonctions que j'ai rempli n'ont pas été moins gratuites que laborieuses ; un intrigant est un homme qui, suivant les circonstances, son ambition et son intérêt, change de masque et de parti ; tantôt anarchiste, tantôt royaliste, jamais patriote, quoique souvent il se titre *d'exclusif*, mais s'attachant particuliérement à faire son domaine et son profit de la révolution. (Que de gens je peins ici, et qui ne se reconnoîtront pas dans ce tableau !) un intrigant enfin, est un homme qui n'étoit rien avant la révolution, et qui depuis, *per fas et nefas*, non pas comme les négocians ou armateurs, qui n'emploient que des voies légitimes, mais par

_____

(*) Les Jacobins.

des moyens indignes d'un honnête homme, est devenu un riche propriétaire, et a accumulé des trésors immenses ; on ne m'accusera pas d'être de ce nombre, puisque des débris de ma fortune, il ne me reste aujourd'hui que quelques créances douteuses, et du paiement desquelles je suis incertain.

Continuez cependant, inquisiteurs méprisables autant que méprisés, et recherchez de nouveau si, dans ma conduite passée ou présente, il y a quelque reproche à me faire ; je ne vous crains pas, et malgré vous je serai ce que j'ai toujours été, ce que vous n'êtes pas, et ce qu'à moins d'un miracle, il est impossible que vous deveniez,

Honnête homme et bon patriote.

Ne vous y trompez pas, l'un ne va pas sans l'autre, et jamais vous ne me ferez accroire non plus, qu'aux hommes moraux qui siégent au Corps législatif, au Directoire, et aux vrais républicains de toute la France, *que sans probité on puisse être bon patriote, ou sans humanité, bon républicain.*

A mon tour cependant, ne pourrois-je pas demander à ces individus, assez lâches pour s'élever aujourd'hui contre moi, lorsque dans des temps malheureux ils ont eux-mêmes été forcés de me rendre justice (*), à ces hommes dont quelques-uns disent me connoître et être de mes amis, lorsque faisant choix ordinairement des miens, je ne les connois, ni ne veux être leur ami, à ces nouveaux pédagogues tombés des nues, et depuis peu dans les Sections de cette commune, pour y porter le trouble et le scandale ; enfin à ces scrutateurs rigoureux,

---

Nota. Peut-être la signature de quelques-uns de ceux dont je parle ici est-elle apposée à quelques certificats rappellés dans ce Mémoire, mais je les préviens que dès que leurs noms me seront parfaitement connus, je tracerai leurs signatures, elles déshonoreroient ces actes irrévocables de mon civisme et de ma probité.

pour ne pas les qualifier autrement, de la conduite des meilleurs citoyens, ce qu'ils ont fait eux-mêmes, depuis que la terre est chargée du poids de leur existence, ce que certains d'entr'eux font dans les hôtels garnis où ils résident depuis dix-huit mois; quels sont les actes de vertu par lesquels ils ont honoré les beaux noms de citoyen et de républicain, et si, comme moi, enfin, ils ont toujours marché dans la ligne droite du patriotisme et de la probité? mais je me respecte trop pour entrer en lice avec eux, et le public équitable les a jugés et les jugera mieux que moi.

C'est la première et dernière fois que je me donnerai la peine de répondre à mes ennemis ou calomniateurs.

Tranquille, d'après ma conscience et mes actions, je les attends à quelque tribunal que ce soit, et je leur prouverai qu'à moins du retour impossible de la constitution de 1793, et du règne de Roberspierre, que certaines gens regrettent encore aujourd'hui, un citoyen, ami des lois, de la Constitution de 95, et du Gouvernement qu'elle a établi, peut braver les clameurs et les vaines menaces des amis de la terreur et de l'anarchie.

Citoyens de Bordeaux, il m'en coûte de vous entretenir de moi, parce qu'en faisant le bien, je n'ai fait que mon devoir; mais jaloux de votre estime, j'ai dû repousser avec vigueur les imputations calomnieuses qui tendoient à me la ravir.

J'ai pour moi, j'ose le dire, l'amitié, l'estime et la bienveillance de tous les bons citoyens de ma Section, la majorité des habitans de cette cité m'honore des mêmes sentimens; que m'importe donc une lâche minorité, qui ne sait attaquer que dans l'ombre, et qui est composée d'hommes

Qui goûtant dans le crime une tranquille paix,
Ont su se faire un front qui ne rougit jamais. Rac.

En terminant cet écrit, et pour prouver que je n'ai jamais dévié des vrais principes qui font la base et la sûreté des bons gouvernemens, je pourrois citer toutes les lettres, en assez grand nombre, (c'étoit moi qui au Comité de Surveillance, étoit chargé de la correspondance) que j'ai pendant quinze mois qu'ont duré mes fonctions, écrit aux autorités constituées de cette commune, aux Représentans en mission, aux deux Conseils et au Directoire, on ne trouvera pas une seule lettre, un seul mot qui puisse donner lieu à la plus légère inculpation; mais au moins, qu'il me soit permis de retracer ici quelques paragraphes de notre Adresse aux Bordelais en frimaire an 3.e, Adresse à laquelle le Représentant du peuple Bordas, donna sa sanction, et qui fut envoyée à toutes les Autorités de cette commune et du Département : « Les aristocrates, les terro-
» ristes, dont l'affreux système a pendant quinze mois plongé
» la France dans un deuil universel, les intrigans, les factieux,
» les dilapidateurs, sur-tout des fortunes publiques et particu-
» lières, les vociférateurs du patriotisme et de la vertu, senti-
» mens qui n'ont jamais siégé dans leur cœur, voilà vos ennemis,
» voilà ceux sur qui nous appellons toute votre vigilance, et
» que nous vous promettons de poursuivre rigoureusement.

» Nous aurons toujours sous les yeux la justice et l'humanité,
» sentimens immuables, que la Convention nationale a fixé
» irrévocablement à l'ordre du jour, et qui gravés dans nos
» cœurs, nous feront protéger l'innocence et poursuivre le
» crime jusques dans ses derniers retranchemens.

» Si la valeur républicaine a su bannir du sol de la liberté
» et repousser même au-delà de leurs repaires, les ennemis
» du dehors.... pourquoi les bons citoyens pourroient-ils
» encore être subjugués par la terreur? pourquoi leur union

» constante et leur énergie invincible, n'auroient-elles pas les
» mêmes succès contre les ennemis de l'intérieur ?

Trois ans, Bordelais, se sont écoulés depuis, et nous, Français et républicains, nous dont les phalanges victorieuses, avant et depuis cette époque, se sont fait admirer de toute la terre, par leur valeur autant que par leurs vertus, nous tremblerions encore aujourd'hui devant une vile poignée de brigands, dont l'essence est le mal et la destruction, et qui dans leurs projets dévastateurs, ne veulent, au vrai, ni constitution, ni gouvernement; non sans doute, et le Ciel n'a pas favorisé la plus belle, la plus glorieuse de toutes les révolutions, pour en faire le domaine d'aucun parti. Quant à moi, mes vœux, mon espoir, et ceux de toute la France, sont qu'avant peu le Corps législatif et le Directoire repousseront, soit du Sénat, si les manœuvres employées par la faction anarchiste dans quelques assemblées électorales y en appeloient quelques-uns, soit de tout corps administratif, et enfin du sol de la République, ces hommes pour qui le trouble est un besoin, aux yeux de qui la paix, soit au-dehors, soit au-dedans, la vertu et les talens sont des crimes, et pour qui enfin tout est bien, hors le bien même, le bon ordre et la tranquillité.

Qu'ils rentrent dans le néant ces hommes pervers, ces êtres malfaisans, qui n'en sont sortis que dans les crises sanglantes et malheureuses de la révolution; *enfin, ni terreur, ni réaction, ni royauté, ni dictature, mais la Constitution de 1795, la Liberté, la République.*

Voilà ce que toute la France répète avec le Directoire; il ne nous faut plus aujourd'hui de novateurs, quelque énergie, quelques talens qu'on leur suppose, mais des conservateurs, mais de vrais amis de la constitution de l'an 3; voilà désormais les seuls hommes qui doivent siéger au Sénat français, dans le

Directoire et dans toutes les parties administratives : les messages du Directoire, ses Proclamations, aussi énergiques qu'éloquentes, contre les anarchistes, royalistes, ou tous autres factieux, nous promettent le plus heureux avenir, et tout annonce que l'espérance des Français ne sera pas trompée.

Ce nouveau bienfait, cette éclatante justice, non moins nécessaire que celle du 18 fructidor, consolideront à jamais la République, et acquéreront au Directoire exécutif et au Corps législatif des droits éternels à la reconnoissance de tous les républicains.

Tels sont mes vœux, tels sont les principes qui m'ont toujours guidé, et que je conserverai jusqu'au dernier soupir.

Je finis donc ce mémoire dans les mêmes sentimens qui m'inspirèrent l'Adresse aux Bordelois.

Guerre, guerre éternelle à tous les scélérats !

Paix et protection aux vrais patriotes.

Vive la République ! vive la Constitution de l'an 3.º, et le Gouvernement qu'elle a établi !

Homo sum et civis, humani patriæque nihil à me alienum puto.

Bordeaux, le 29 germinal, an 6.º

REINE DORVILLE.

NOTES.

EXTRAIT *du jugement de la Commission militaire, du 8 ventôse, an 2.*

CONSIDÉRANT qu'il a (Reine Dorville) depuis le commencement de la révolution, donné des preuves de civisme, qu'il s'est montré dans plusieurs occasions, humain, bienfaisant, etc., etc. ordonne qu'il sera sur-le-champ mis en liberté.

1 *bis.*   CERTIFICAT *du Tribunal de Commerce.*

Je, Greffier en chef du Tribunal de Commerce de Bordeaux, soussigné, certifie et atteste, à qui il appartiendra, que le citoyen Reine, surnommé Dorville, négociant de cette ville, n'a jamais remis ni fait remettre au greffe du Tribunal de Commerce, sous ce nom, ni sous celui de Dorville et Compagnie, aucuns livres, bilan, ni pas un acte quelconque, pour cause de faillite jusqu'à ce jour, six heures de relevée. Fait à Bordeaux, dans ledit Greffe, le quinze ventôse l'an 4 de la République française, une et indivisible. LAROZE.

2 LETTRE *du citoyen Treilhard, président du Conseil des Cinq-Cens, du 21 pluviôse an 4.*

J'ai envoyé, citoyen, au ministre des finances avec votre lettre, les pièces qui y étoient jointes ; je lui ai fait part de l'estime que vous m'aviez inspirée dans le temps de ma mission, et de mon opinion sur la justice de votre demande.   Salut et fraternité.   *Signé* TREILHARD.

3 EXTRAIT *de l'Arrêté de l'Administration départementale de la Gironde, séance publique du 21 Frimaire an 4, à laquelle assistoient les citoyens Duplantier, président, Chalup et Lainé, administrateurs, et Faure, secrétaire adjoint.*

Le commissaire du Directoire exécutif est entré et a dit : citoyens, le jour où la Constitution fut mise en activité, toutes les formes barbares qu'inventa l'anarchie, sous le nom de *Gouvernement révolutionnaire*, ont dû disparoître du sol de la France.

Il ne peut plus exister dans l'ordre du Gouvernement d'autres autorités que celles établies par la Constitution. Je vois cependant encore à Bordeaux un Comité de surveillance révolutionnaire, et je sais que son existence a frappé votre attention.

Déjà vous avez consulté le Gouvernement sur la question de savoir si ce Comité devoit ou ne devoit pas continuer ses travaux ; je sais aussi que les membres qui le composent ont écrit dans le même objet : vous êtes les uns et les autres sans réponse.

Je m'acquitte, au nom de mes concitoyens, d'un devoir bien doux à remplir, en rendant aux membres actuels de ce Comité la justice qui leur est due. Constamment utiles à la chose publique, ils ne furent occupés que de sa prospérité; ils furent les amis du peuple, et leur surveillance fut celle qui caractérise les pères de famille : dire que ce Comité actuel a fait oublier aux citoyens de Bordeaux quelques-uns de ceux qui l'ont précédé, c'est en faire l'éloge le plus grand et le mieux mérité, etc.

Signé MAUGERET, commissaire du Directoire exécutif.

L'Administration départementale de la Gironde, considérant que le Comité de surveillance révolutionnaire, encore existant à Bordeaux, présente une autorité qui n'est pas avouée par la Constitution;

Considérant que les membres actuels de ce Comité ont acquis les plus grands droits à la reconnoissance de leurs concitoyens par leur zèle à maintenir l'ordre et la sûreté publique,

Arrête ce qui suit :

ART. I.er Le Comité de Surveillance révolutionnaire de la commune de Bordeaux cessera ses fonctions à la réception du présent Arrêté.

ART. VI. Le président de l'Administration départementale adressera à chacun des membres actuels du Comité, un exemplaire certifié du présent Arrêté, et leur témoignera au nom de l'Administration, sa satisfaction de la manière avec laquelle ils ont rempli leurs fonctions.

Délibéré en séance publique de l'Administration départementale de la Gironde, ouï le Commissaire du Directoire exécutif.

Signé DUPLANTIER, *président.*

PAGÉS, *secrétaire en chef.*

Bordeaux, le 24 frimaire, an 4e.

Le président de l'Administration départementale de la Gironde, au citoyen Reine Dorville, *membre du Comité de Surveillance de la commune de Bordeaux.*

Citoyen, chargé par l'Administration départementale, de vous transmettre son arrêté du 21 de ce mois, je me félicite d'être son organe. Il est doux pour moi, en remplissant un devoir aussi cher, de pouvoir ajouter à l'éloge si bien mérité, des services que vous avez rendus à la patrie, consigné dans le requisitoire du Commissaire du Directoire exécutif, l'expression de la reconnoissance publique. Mais si l'on doit regretter à tant de titres votre surveillance pour la tranquillité publique, et votre autorité fraternelle, qui a su maintenir la paix et la concorde dans cette importante commune, tandis que tant d'autres ont été en proie à des divisions intestines, qui les ont ensanglantées, la Constitution, qui ne permet l'existence que des autorités qu'elle a établi, nous donne la flatteuse

F

espérance de voir vos talens et votre amour pour la liberté utiliser de nouveau, et servir puissamment la République dans les autorités constitutionnelles qui vont être organisées.

Salut et fraternité.

Signé DUPLANTIER, *président*. PAGÉS, *secrétaire en chef*.

---

5   Nous, soussignés membres du Comité de bienfaisance de la Section de l'Esprit-des-Lois, n° 11, certifions que comme membre ou président depuis trois ans, de ce Comité, le citoyen Reine, surnommé Dorville, s'est conduit de manière à mériter notre estime et notre amitié ; qu'il a souvent été employé à des collectes de bienfaisance, dont le succès a été dû à ses soins multipliés ; que par ses lettres touchantes aux personnes aisées de la Section, et ses démarches réitérées en faveur des indigens, il a, en maintes occasions, réussi à adoucir leur sort.

Nous ajoutons de plus, que quoique peu fortuné lui-même, il s'est gêné pour soulager dans leurs besoins les familles malheureuses. En foi de quoi, et voulant rendre justice à qui elle appartient, nous avons signé et apposé le sceau du Comité à la présente attestation. A Bordeaux, le 16 ventôse, l'an 4 de la République française, une et indivisible.

Signés Dedieu, Nl. Laujac, Peichon, Mayens pere, Richard, Claparede, Olivier, Miranne, Lévêque, Lacombe, Gariot, Milhac.

---

6   *17 ventôse an 4.* Aujourd'hui dix-sept ventôse, l'an quatrième de la République française, une et indivisible, par-devant le Tribunal de la justice de paix de l'arrondissement de St-Dominique, canton et commune de Bordeaux, à l'issue de l'audience, s'est présenté le citoyen François Reine, surnommé Dorville, assesseur de la même justice, lequel a dit : qu'ayant intérêt à justifier d'une manière authentique et légale, quelle a été sa conduite comme homme public ou homme privé, il se présente par-devant ses collègues pour obtenir d'eux une testimoniale qui puisse lui servir à l'effet qu'il s'en propose.

Surquoi le Tribunal n'a pu se rappeller sans satisfaction, que le citoyen Reine (surnommé d'Orville), ayant été appellé lors du gouvernement révolutionnaire, à remplir avec les mêmes membres qui le composent aujourd'hui, le ministère honorable d'assesseur de la justice de paix, il s'y est fait connoître et remarquer par son zèle, son intelligence et son intégrité ; que depuis le gouvernement constitutionnel, il a été librement appelé par le peuple à occuper les mêmes fonctions, et que, quoiqu'il fût revêtu d'autres emplois distingués, et où il a rendu à ses concitoyens des services qui l'honorent à bien des titres, il a sû ménager l'emploi de son temps de telle sorte, que ses devoirs à la justice de paix n'en ont pas moins été remplis. Ce sont ces vérités que le Tribunal a crû devoir attester comme une preuve certaine de l'estime particulière que ses services lui inspirent.

Délibéré à Bordeaux, et à l'issue de l'audience du Tribunal, les jour, mois, et an que dessus. *Signé* LATOUR, *Juge-de-Paix*, JJ. Journu, Pallandré, Petremant, Chabiran, Morel, assesseurs.

7   Nous soussignés, membres du ci devant Comité de Surveillance, attestons que le citoyen François Reine Dorville a été nommé le premier frimaire an 3, membre de ce Comité; que depuis il a été continué dans la même fonction par trois Représentans du peuple, les citoyens Bordas, Treilhard et Besson; qu'il a rempli ses fonctions avec cette délicatesse qui distingue les bons citoyens, et qu'il a employé ses talens et ses moyens au soutien de l'innocence et à la poursuite des malveillans. En foi de quoi, et voulant donner à ce citoyen des preuves de notre estime, nous avons signé le présent. Bordeaux, le 17 ventôse, an 4.e républicain.

Signés Champés, Segur, Blandin, JB. Wirtz, Sabrier, Aladenize, T. Duprat, Troupenat, Regnault.

8   Nous soussignés, membres de la Section n° 11, de l'Esprit-des-Lois, et citoyens de la commune de Bordeaux, attestons qu'avant et depuis le moment où le citoyen François Reine Dorville a été mis en liberté, de laquelle cependant il n'avoit jamais mérité d'être privé, et qu'il a due moins à nos réclamations en sa faveur devant la Commission militaire, qu'à sa propre innocence, il a toujours développé devant nous, et dans toutes les fonctions dont il a été honoré, les principes sages, humains et bienfaisans qui constituent un excellent citoyen et un bon républicain; que ces titres lui sont dus à tous égards, et que sa conduite avant et depuis la révolution a toujours été sans reproche.

Nous ajoutons que s'il a des ennemis, ce ne peut être que les malveillans que son devoir, ses principes et la justice le forçoient à poursuivre, lorsqu'après le neuf thermidor il a été nommé membre ou président du ci-devant Comité de Surveillance; que l'estime particulière et l'amitié que nous lui portons, conformes à l'estime générale dont il jouit dans cette commune, sont le fruit de ses vertus morales, civiques et républicaines, et que tous les bons citoyens de Bordeaux pensent comme nous sur son compte.

En foi de quoi, et voulant donner à ce citoyen un témoignage authentique de nos sentimens à son égard, nous avons signé le présent pour servir et valoir ainsi que de raison. A Bordeaux, le dix-neuf ventôse, l'an quatrième de la République française, une et indivisible.

Suivent quatre pages de signatures, et à la fin de la quatrième page est écrit:

Nous, membres en permanence du Comité des douze de la Section n° 11, dite l'Esprit-des-Lois, certifions la vérité des signatures apposées et des faits énoncés en la présente attestation, et en cela nous ne faisons que rendre au citoyen Reine Dorville la justice qui lui est due. Bordeaux, le 30 ventôse, l'an 4.e de la République française.

Signé Tremon, Magonty, Lafont aîné, Nicolas, Chapieu......
Troche, *secrétaire*.

20 *ventôse an* 4.　　　Liberté. Justice. Égalité.

Reine Dorville aux citoyens composant l'Administration départementale de la Gironde.

Citoyens, instruit que l'on m'a calomnié auprès de vous, et n'ignorant pas qu'on vous a dit que j'avois fait faillite à Bordeaux, je vous remets sous ce pli *la testimoniale du contraire* dans l'attestation du Tribunal de Commerce de cette commune.

J'ignore si on a eu l'impudence de vous faire d'autres allégations, mais, dans ce cas, j'attends de l'équité qui vous dirige, que vous me les ferez connoître. Fort de la pureté de ma conscience, non moins que de l'estime générale de mes concitoyens, et que m'a méritée une conduite invariable dans les principes sacrés de la liberté et de l'humanité, je ne dois pas souffrir qu'on porte à ce sentiment, qui m'est personnel, la plus légère atteinte ; c'est ma seule richesse, c'est ma propriété, et je la défendrai par tous les moyens que la loi met en mon pouvoir ; cette tâche une fois remplie, je vous prierai, citoyens, de me faire connoître mes lâches calomniateurs.

Quarante ans d'une vie sans reproche, avant et depuis la révolution, peuvent bien me faire braver leurs traits envenimés.

Pourquoi cependant ce long silence de la part de mes ennemis, et lorsque j'ai paru à la Commisssion militaire, où mon innocence triompha d'une manière si éclatante que je fus acquitté aux acclamations de toute la multitude, sans qu'aucune voix s'élevât contre moi, et lorsque depuis trente mois, sur-tout, mis plus particulièrement en évidence aux yeux de mes concitoyens, leur suffrage unanime, celui des divers Représentans du peuple, en mission dans ce Département, et celui non moins précieux, des assemblées primaires et électorales, m'ont appelé à différentes places honorables, mais gratuites?

Salut et respect,
Signé REINE DORVILLE.

Vous trouverez aussi inclus, citoyens, copie d'une lettre que j'ai reçue il y a quelque temps, du citoyen Treilhard, président du Conseil des Cinq-cens ; je n'ai pas sollicité ce qu'il me dit d'obligeant, mais je crois le mériter autant que l'estime des hommes honnêtes et des bons citoyens.

Le président de l'Administration me fit une réponse verbale, il me dit qu'il jugeoit par la pièce que je lui envoyois, de la fausseté des autres calomnies, que je devois mépriser.

OBSERVATIONS DE L'AUTEUR.

LES témoignages nombreux de leur estime et de leur amitié que les bons citoyens de Bordeaux se sont empressés de me donner dans les diverses circonstances où les méchans m'ont attaqué, sont la seule, mais précieuse rétribution que j'aye recueillie de mes travaux dans ma carrière politique et les fonctions auxquelles j'ai été appellé ; jamais je ne les oublierai, jamais aussi je ne les eusse publiés, si les anarchistes, plus hardis et plus insolens encore que lorsqu'il y a deux ans, ils me calomnièrent devant une autorité constituée, ne m'eussent forcé de mettre au jour ces preuves écrites de mon civisme.

Quoi qu'il en soit cependant de cette lutte impie de la part des mauvais contre les bons citoyens, et quoi qu'il puisse m'en advenir à moi-même, les premiers ne me feront pas rétrograder ; toujours ami du bien, des hommes vertueux et de la Constitution, je poursuivrai les scélérats et tous les ennemis de ma patrie ; et si jamais (ce qui n'est pas à craindre, puisque depuis trois ans leurs tentatives ont été vaines et leurs complots déjoués) ils venoient à resaisir le pouvoir que le *neuf thermidor* leur a enlevé ; (*) je leur dirois alors, et bien décidé à périr pour la bonne cause, ce que disoit un citoyen d'une illustre République :

Me me adsum qui feci in me convertite tela.
Virg.

(*) Soyez tranquilles, républicains de toutes les classes, jamais, non jamais le Corps législatif, le Directoire, et ces braves armées qui ont vaincu tant de rois, ne souffriront *de tyrans*, quelles que soient leurs livrées ou le masque dont ils se couvrent. R. D^{le}.

A BORDEAUX, chez Louis CAVAZZA, imprimeur des lois, place Guillaume-Tell, n° 6.

www.ingramcontent.com/pod-product-compliance
Lightning Source LLC
Chambersburg PA
CBHW060550050426
42451CB00011B/1834